El pacto del Mayflower

DAVID y PATRICIA ARMENTROUT

Rourke

Publishing LLC

Vero Beach, Florida 32964

DOCUMENTOS QUE FORMARON LA NACIÓN

www.rourkepublishing.com

PHOTO CREDITS: Cover Scene, Pages 12, 16, 23, 27, 29, 36, 38, 40 © North Wind Picture Archives. Title Page, Pages 4, 15 © James P. Rowan. Pages 6, 35 Artville, LLC. Page 7 from the Architect of the Capitol. Pages 10, 21 © Getty Images. Pages 25, 32, 43 © PhotoDisc, Inc. Cover Document and Pages 9, 17, 19, 30, 42, 43 from the Library of Congress

Página del título: *La roca Plymouth es una pieza de granito de 10 toneladas, que marca el sitio donde la leyenda dice que desembarcaron los Peregrinos.*

Editor: Frank Sloan

Cover and page design by Nicola Stratford

Library of Congress Cataloging-in-Publication Data

Armentrout, David, 1962-
 [Mayflower Compact. Spanish]
 El Pacto del Mayflower / David y Patricia Armentrout.
     p. cm. -- (Documentos que formaron la nación)
  ISBN 1-59515-648-8 (hardcover)
 1. Mayflower (Ship)--Juvenile literature. 2. Mayflower Compact (1620)--Juvenile literature. 3. Pilgrims (New Plymouth Colony)--Juvenile literature. 4. Massachusetts--History--New Plymouth, 1620-1691--Juvenile literature. I. Armentrout, Patricia, 1960- II. Title.
  F68.A73 2006
  974.4'02--dc22
                          2005022624

Impreso en los Estados Unidos

w/w

TABLA DE CONTENÍDOS

LOS PEREGRINOS

Hace casi 400 años un grupo de personas navegaron a través del Alántico en busca de libertad religiosa y de una vida mejor. Los conocemos como **peregrinos**, pero ellos se hacían llamar Santos y Extraños.

Después de 66 días en alta mar, los peregrinos llegaron a puerto seguro a bordo de su barco, el *Mayflower*. Sin embargo, no abandonaron el barco hasta que llegaron a un acuerdo. Los peregrinos querían, por escrito, una

declaración que dijera que se ayudarían unos a otros y trabajarían juntos por el bien de la colonia. Querían formar su propio gobierno y escoger sus propios líderes. Esto significaba que podrían gobernarse a sí mismos. Era un tipo de gobierno que nunca antes habían experimentado.

Plimoth Plantation es un museo que recrea el asentamiento construido por los peregrinos.

"Plimoth" es la forma antigua usada por el Gobernador William Bradford en su historia de la colonia. El museo adoptó esta forma de escribir la palabra, para diferenciar el museo del pueblo de Plymouth, Massachusetts.

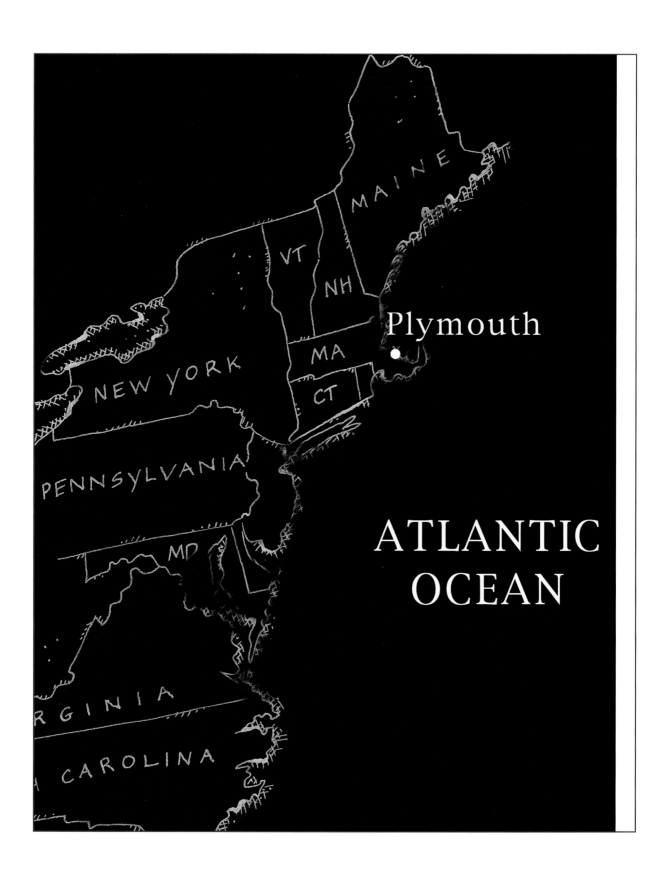

El Pacto del Mayflower fue firmado antes de que los peregrinos desembarcaran.

Un acuerdo para trabajar juntos y ayudarse entre sí fue escrito y firmado el 11 de noviembre de 1620 (21 de noviembre según el calendario actual). Ese acuerdo es el Pacto del Mayflower. Entre los firmantes estaban John Carver, el primer gobernador de Plymouth, William Brewster y William Bradford, el segundo gobernador.

¿Por qué fue necesario tener el pacto antes de abandonar el barco? ¿No podían haber llegado a tierra firme primero? Después de todo, habían finalizado un largo e incómodo viaje. Una descripción de la vida de los peregrinos antes de su viaje puede hacer más fácil entender la necesidad del Pacto del Mayflower.

Los peregrinos usaban el calendario juliano, introducido por Julio César en el año 46 A.C. El calendario juliano fue reemplazado por el calendario gregoriano, lo cual explica por qué a veces se dice que la firma del Pacto del Mayflower fue el 21 de noviembre en lugar del 11 de noviembre.

ANTES DE LOS PEREGRINOS

La historia de los peregrinos empezó a principios del siglo XVI, cuando el rey Enrique VIII gobernaba Inglaterra. Enrique VIII estaba casado con Catalina de Aragón y quería que el Papa, el líder de la Iglesia Católica (y de todos los cristianos de Europa), disolviera su matrimonio con Catalina. Enrique VIII alegaba que quería terminar su matrimonio porque Catalina no podía darle un hijo que lo sucediera en el trono. Eso era verdad. Sin embargo, Enrique quería casarse con otra mujer, Ana Bolena. El Papa no quiso concederle la solicitud de divorcio al rey, lo cual enojó muchísimo a Enrique VIII.

Después de un período largo y frustrante, Enrique VIII se dio cuenta de que la única manera en que podría obtener el divorcio era rompiendo con la Iglesia Católica y creando su propia iglesia, la Iglesia de Inglaterra o Iglesia Anglicana.

Cuando el gobierno dirige la iglesia, ésta se llama Iglesia del estado.

Enrique VIII se convirtió en líder de la Iglesia de Inglaterra, designó a las personas que quiso para que ocuparan las posiciones más importantes en la iglesia y finalmente obtuvo el divorcio.

Rey Enrique VIII de Inglaterra

LA IGLESIA DE INGLATERRA

A Enrique VIII no le interesaba la libertad religiosa. Decía que todo el mundo debía asistir a la Iglesia de Inglaterra.

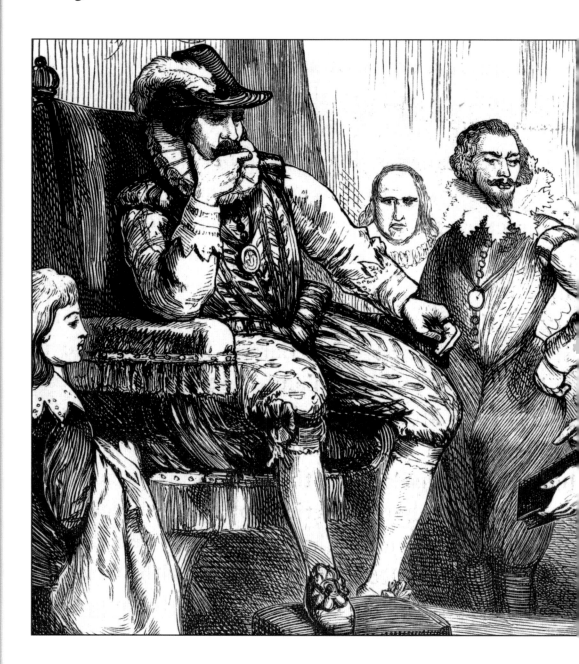

Después del **reinado** de Enrique VIII, con cada nuevo rey se hacían nuevos cambios dentro de la Iglesia de Inglaterra. No obstante, ésta era siempre dirigida por el Estado sin importar si el gobernante era católico o **protestante**. A algunas personas no les gustaban las prácticas de la Iglesia de Inglaterra y creían que la

iglesia debía ser **reformada** o purificada. Estas personas eran conocidos como puritanos. Otros simplemente querían practicar sus creencias religiosas separadamente de la Iglesia de Inglaterra. Estas personas eran llamadas s**eparatistas**.

En 1603 el rey Jacobo I era monarca y jefe de la Iglesia de Inglaterra. Con el rey Jacobo I se le hacía difícil a cualquiera intentar reformar la iglesia o celebrar su culto por separado. De hecho era un delito asistir a una iglesia separatista. Los separatistas podían ser encarcelados o incluso ejecutados por sus creencias.

Los puritanos le ruegan al rey de Inglaterra que reforme la Iglesia de Inglaterra.

LOS SEPARATISTAS DE SCROOBY

William Brewster era jefe de una estación para viajeros en Scrooby, Inglaterra, un pequeño pueblo de granjeros al norte de Londres. El trabajo de Brewster era atender una posada, una taberna y un establo con caballos para los mensajeros que repartían el correo real.

William y su esposa Mary asistían a una iglesia en el cercano pueblo de Babworth. Richard Clyfton era el pastor de Babworth. Clyfton era ministro de la Iglesia de Inglaterra pero tenía sus propios puntos de vista sobre cómo comunicar la palabra de Dios.

Clyfton predicaba sus puntos de vista religiosos. Era un separatista. Los separatistas de los alrededores de Scrooby se reunían en secreto. William Brewster brindó su casa a Clyfton y a sus seguidores. Algunos de los peregrinos del *Mayflower* provenían de este grupo de separatistas.

William Brewster dirigía una posada y taberna similar a esta.

WILLIAM BRADFORD

William Bradford era sólo un muchacho cuando conoció a William Brewster. Bradford era de Austerfield, otro pueblo de granjeros cercano a Scrooby. Bradford vivía con dos tíos. El joven William tenía una enfermedad que lo debilitaba por lo que no podía ayudar en la granja. En lugar de ello William aprendió a leer y a escribir, un raro privilegio para muchos en esa época. William leía la Biblia y asistía a la iglesia.

Un día, William Bradford tuvo la oportunidad de asistir a la iglesia separatista de Scrooby. Bradford conoció a William Brewster y se hicieron amigos. Él respetaba las opiniones religiosas de Brewster y estaba de acuerdo con ellas. Clyfton, Bradford y los otros separatistas continuaron reuniéndose en casa de Brewster hasta 1607.

Una estatua de William Bradford en Plymouth, Massachusetts

En el otoño de 1607, funcionarios del gobierno vigilaban de cerca la Iglesia separatista de Scrooby. Era una época peligrosa para cualquiera que no estuviera conforme con la Iglesia de Inglaterra. El rey Jacobo I declaró: "En mi reino tendré una doctrina, una disciplina, una religión y haré que las acepten o los perseguiré hasta que salgan de esta tierra, o algo peor."

El nombre correcto del país es Países Bajos. No obstante, muchos llaman a esa tierra Holanda. Holanda significa "tierra de bosques", lo cual describe sólo dos regiones costeras de los Países Bajos.

Los separatistas de Scrooby, incluyendo el joven William Bradford, decidieron que era hora de marcharse de Inglaterra o arriesgarse a pasar sus vidas en prisión, o algo aún peor. Los separatistas no tenían otra opción que vender sus casas, sus pertenencias y sus tierras y buscar una existencia más segura en cualquier otra parte. Eligieron Holanda. En esa época Holanda era un lugar donde se podía practicar la religión libremente y otros grupos de separatistas ya habían escapado hacia allí.

El rey Jacobo I amenazó con meter a los separatistas en la cárcel.

Los separatistas ingleses celebraban su culto a pesar de la amenaza constante de los funcionarios del gobierno.

FUGA

A la edad de 17 años, William Bradford y los separatistas de Scrooby secretamente contrataron un barco para que los llevara a Holanda. El grupo caminó 96 km hasta Boston, un pueblo a orillas del Mar del Norte en Inglaterra. Cargaban con ellos bienes que querían llevar en su fuga. Habían acordado una reunión secreta con el **patrón** de la nave.

El patrón llegó tarde y con agentes de policía. El patrón había traicionado a los separatistas. A los separatistas les robaron su dinero y sus pertenencias y los metieron en la cárcel. Los separatistas suponían una amenaza muy pequeña para el rey por lo que la mayor parte de ellos fue puesta en libertad, incluyendo a Bradford. Brewster y Clyfton estuvieron en prisión durante un mes antes de ser liberados.

Los separatistas de Scrooby intentaron escapar de nuevo en la primavera siguiente. Se dieron cuenta de que era más fácil pasar inadvertidos si se iban de Inglaterra en grupos más pequeños. Finalmente, consiguieron llegar a Holanda.

*Los separatistas de Scrooby finalmente consiguieron llegar en barco a
Holanda.*

VIDA EN HOLANDA

William Bradford vivía con la familia Brewster en Amsterdam. El grupo de separatistas practicó su religión en calma por un tiempo. Pero después de unos meses, los diferentes grupos de separatistas empezaron a discutir sus opinions abiertamente en la pequeña comunidad. Los ciudadanos de Amsterdam estaban escandalizados con su conducta.

Los separatistas de Scrooby, temiendo perder la existencia pacífica por la que estaban luchando, decidieron que era el momento de marcharse. El pastor Clyfton se quedó en Amsterdam pero encargó a su asistente, el pastor Robinson, que encontrara un lugar para la **congregación**. Se trasladaron a Leiden. Esta era una bella ciudad en el río Rhin construida sobre islas comunicadas por más de 100 puentes. Los habitantes eran tejedores, panaderos, carpinteros y albañiles. Los separatistas aprendieron esos oficios para ganarse la vida.

Los separatistas trabajaban duro para ganarse la vida.

En 1611, Bradford cumplió 21 años y heredó la propiedad de su familia en Inglaterra. Vendió la propiedad y usó el dinero para comprar una casa de reunión para su iglesia en Leiden. Al año siguiente se hizo ciudadano de Leiden. Compró un **telar** y continuó ejerciendo su oficio de tejedor. Un año más tarde, se casó con Dorothy May, hija de otra familia separatista.

En 1617, los separatistas de Scrooby habían estado en Leiden 8 años. Muchos se habían casado y tenían hijos. La vida era mejor pero no en todos los sentidos. Los separatistas eran pobres. Los niños crecían aprendiendo holandés, no inglés. A los separatistas les preocupaba su futuro. Temían que Holanda pudiera perder pronto sus libertades religiosas, y todo por lo que ellos habían luchado podría perderse. Era hora de marcharse de nuevo.

Holandés es el nombre que recibe una persona de los Países Bajos y del idioma que habla.

Un telar se usa para tejer telas.

LA ELECCIÓN DE AMÉRICA

Los separatistas consideraron muchos lugares pero al final decidieron hacer de Virginia su nuevo hogar. Virginia era una propiedad de Inglaterra en América.

Los separatistas empezaron a negociar con la Compañía de Londres en 1617. El rey Jacobo I le había otorgado un **privilegio** a la Compañía de Londres. El privilegio le daba permiso a la Compañía para colonizar Virginia. En 1619, el rey Jacobo finalmente le otorgó a los separatistas una concesión de tierra en Virginia, pero los separatistas todavía necesitaban dinero para el viaje.

Thomas Weston, un **comerciante** de Londres oyó hablar sobre los planes de los separatistas. Weston y un grupo de "aventureros comerciantes" se ofrecieron a financiar el viaje y los separatistas les podrían devolver el dinero más tarde.

Jamestown, Virginia, fue el primer asentamiento inglés permanente en América del Norte.

AVENTUREROS COMERCIANTES

Los separatistas tendrían que trabajar la tierra durante siete años para pagarles a los aventureros comerciantes. William Bradford fue el principal **negociador** en este trato que tomó meses. Era junio, bastante pasada la época de la siembra y no se habían hecho los acuerdos finales. Los comerciantes de Weston finalmente alquilaron una nave para llevar a los separatistas a América. Mientras tanto, los separatistas vendieron sus tierras y sus pertenencias y compraron el *Speedwell* para que sirviera como barco pesquero en el Nuevo Mundo.

El 22 de julio de 1620 los separatistas salieron de Holanda en el *Speedwell*. Se dirigían a Inglaterra para encontrarse con el *Mayflower*, el barco que los comerciantes habían contratado.

William y Dorothy Bradford tenían un hijo de cuatro años, John, que no navegó con ellos a América. Dorothy murió poco después de desembarcar y John consiguió finalmente llegar a Plymouth en 1627.

Separatistas preparándose para partir de los Países Bajos.

SANTOS Y EXTRAÑOS

El *Speedwell*, con los separatistas a bordo, atracó en Southampton y se unió al Mayflower y a los aventureros comerciantes.

Los separatistas se encontaron con un grupo que Thomas Weston había escogido para llevar a América. Se los necesitaba para compensar la falta de pasajeros requeridos para hacer el viaje. Estas personas poseían habilidades que beneficiarían la nueva colonia. Muchos de ellos eran tejedores, curtidores o tenderos. No eran santos, como los separatistas se llamaban a menudo a sí mismos. Por tanto los separatistas los llamaron extraños.

Los separatistas se referían a sí mismos como santos porque dedicaban sus vidas a servir a Dios.

El Speedwell es cargado con suministros en preparación para el largo viaje.

HACIENDO AGUA

Finalmente llegó el día en que el *Speedwell* y el *Mayflower* zarparon. Después de unos días en alta mar el *Speedwell* empezó a hacer agua. Los barcos regresaron y atracaron en Dartmouth. Parecía que la suerte nunca iba a favorecer a los separatistas, pero ellos siguieron teniendo fe y esperanza de que Dios los conduciría al Nuevo Mundo.

Las reparaciones del *Speedwell* tomaron dos semanas. Ahora los separatistas estaban extremadamente preocupados. Ya para ese entonces era el tiempo de la cosecha. ¡Y todavía no habían sembrado nada!

Después de las reparaciones, los barcos zarparon de nuevo. A las tres semanas el *Speedwell* estaba haciendo agua de nuevo. Los separatistas regresaron a Plymouth, Inglaterra, donde decidieron abandonar el *Speedwell*. Los pasajeros del *Speedwell* debían trasladarse al *Mayflower* y allí no había espacio suficiente. Algunos decidieron abandonar su sueño de libertad en América para dejar espacio a los demás. Sólo tres miembros de la congregación separatista de Scrooby estaban en la lista de pasajeros del *Mayflower*: William y Mary Brewster y William Bradford.

William Bradford conduciendo a los separatistas

EL MAYFLOWER

Antes de su famoso viaje a América, el Mayflower había navegado como nave de carga. Trasportaba mercancías inglesas como tejidos, pieles y peltre a puertos de Francia y España.

De regreso traía vino francés, sal y vinagre. Era un sólido barco mercante que había viajado mucho antes de su viaje **transatlántico**.

Las dimensiones exactas del barco no se conocen, pero muchos barcos mercantes de esa época tenían alrededor de 30 metros de largo y 8 de ancho. Sus cubiertas y bodegas se usaban para llevar la carga y los suministros, y había espacio para una tripulación pequeña. Pero lo cierto es que el barco no estaba diseñado para llevar pasajeros con sus pertenencias.

Incluso aunque los extraños no eran religiosos devotos, los santos y los extraños terminaron siendo conocidos en conjunto como los peregrinos, o sea, personas que viajan a causa de su religión.

Esta réplica del Mayflower está fondeada en Plymouth, Massachusetts.

VIDA EN EL MAR

El 6 de septiembre (16 de septiembre en el calendario actual) de 1620, el *Mayflower* hinchó sus velas y los pasajeros dejaron atrás las costas inglesas por última vez. Había 102 pasajeros: 35 separatistas y 67 extraños. Su patrón, Chistopher Jones, dirigía una tripulación de alrededor de 30 hombres.

El viaje comenzó con vientos tibios y el mar en calma pero, una vez en alta mar, las condiciones empeoraron. El *Mayflower* se encontró con un mar encrespado y feroces vientos. Los pasajeros sufrieron mareos por las sacudidas y fueron magullados a causa de los golpes que se daban contra las cuadernas del barco. Durante todo el viaje usaron la misma ropa y la mayor parte del tiempo, ésta permaneció mojada.

El oficial al mando de un barco de la marina tenía el grado de "capitán," mientras que el oficial a cargo de un barco mercante era el "patrón."

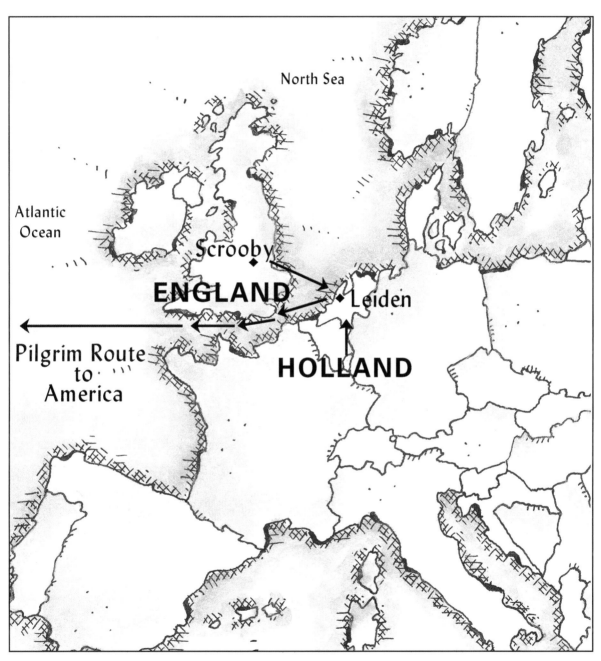

Un mapa moderno muestra la ruta de los Peregrinos hacia América

La vida a bordo del pequeño barco era incómoda con el mar en calma pero cuando había tormentas se hacía casi insoportable.

Los peregrinos tenían muy poco espacio a bordo. Su espacio para vivir era el entrepuente. Éste era un nivel entre la cubierta principal y las bodegas de carga, abajo. El techo era bajo y los adultos tenían que agacharse para caminar.

Los peregrinos comían galletas, pescado salado, frutas y carnes secas y queso mohoso. Usaban especies para disimular el sabor de la comida podrida. Un cubo en una esquina servía de urinario el cual se vaciaba lanzando los desperdicios por la borda una vez al día.

El *Mayflower* se convirtió en un barco maloliente e incómodo. A los santos les disgustaban las malas palabras de la tripulación pero rezaban por ella. La tripulación pensaba que los santos rezaban demasiado y estaban hastiados de sus mareos constantes.

Sólo un pasajero murió en el viaje. Sin embargo, el número de pasajeros se mantuvo igual. Una pareja tuvo un niño y lo llamaron Océano.

¡TIERRA!

Después de un largo y peligroso viaje el Mayflower finalmente llegó al Nuevo Mundo. Los peregrinos vieron la línea de la costa de Cape Cod. Era tierra pero no la tierra para la cual tenían la autorización para asentarse. Todos

estuvieron de acuerdo en navegar hacia el sur en busca del río Hudson, pero como el mar estaba encrespado, la tripulación dirigió el *Mayflower* hacia el norte. Anclaron en la punta de Cape Cod, en un área que luego sería llamada bahía de Provincetown.

Todos a bordo estaban felices de haber llegado a su destino final, pero en aquellos momentos había mucha tensión entre los santos, los extraños y la tripulación. La tripulación quería deshacerse de los pasajeros enseguida. Querían iniciar su viaje de regreso antes de que se acabaran los suministros. Los extraños argumentaban que como no habían arribado a Virginia, su patente no era legal y nadie tenía derecho a gobernar la colonia.

Los separatistas rezan por última vez a bordo del Mayflower antes de desembarcar en Plymouth.

EL PACTO DEL MAYFLOWER

William Bradford recordó un consejo del pastor Robinson: debían formar un grupo único con los extraños.

Se redactó un documento. Todos los hombres del *Mayflower* se reunieron en el camarote de John Carver y el documento fue leído en voz alta.

Los hombres a bordo del Mayflower firmaron el Pacto del Mayflower como un acuerdo para trabajar juntos en beneficio de todos.

EN el nombre de Dios, Amén.

Nosotros, cuyos nombres están firmados abajo, súbditos leales de nuestro temido soberano y señor el rey Jacobo I, por la gracia de Dios, rey de Gran Bretaña, Francia e Irlanda, defensor de la fe, etc., habiendo emprendido, para gloria de Dios y aumento de la fe cristiana, y honor de nuestro rey y de nuestro país, un viaje para plantar la primera colonia en las partes septentrionales de Virginia, por la presente y en debida forma, en presencia de Dios y de cada uno de nosotros, hacemos el presente convenio y nos juntamos en un cuerpo civil político, para nuestra mejor ordenación y preservación y con vistas a los fines antedichos; y en virtud de ello redactaremos, constituiremos y promulgaremos las leyes justas y equitativas, ordenanzas, actas, constituciones y reglamentos, de tiempo en tiempo, tal como se piense más adecuado y conveniente para el bienestar general de la colonia, dentro de la cual prometemos toda la sumisión y obediencia debidas.

En fe de lo cual hemos subscrito nuestros nombres a esto en Cape Cod el 11 de Noviembre, en el Reino de Nuestro Soberano Señor Rey Jacobo décimo octavo rey de Inglaterra, Francia e Irlanda y quincuagésimo cuarto de Escocia. Anno Domini, 1620.

UNA NUEVA COLONIA

Después de firmar el pacto, los hombres eligieron a John Carver como gobernador de la nueva colonia. Fue el comienzo de la democracia en el Nuevo Mundo.

En las semanas siguientes desembarcaron y exploraron el área, buscando el mejor lugar para establecer la colonia. Las mujeres y los niños desembarcaron también. Las mujeres lavaban la ropa y los niños jugaban y corrían por la playa.

Los peregrinos empezaron a construir el nuevo poblado en diciembre de 1620.

*Los peregrinos explorando el área de
los alrededores de Plymouth.*

Un mes después de desembarcar en
Cape Cod, los peregrinos descubrieron
Plymouth, el lugar que el capitán John
Smith había nombrado en 1614. La
colonia fue inaugurada el día de
Navidad cuando los hombres trazaron
19 lotes para construir cabañas.

El Pacto del Mayflower sirvió como
la primera constitución de la colonia
de Plymouth. El documento original
no existe pero lo conocemos a través
del diario de William Bradford, *De la
Colonia de Plimoth*. El diario está en la
biblioteca estatal de State House en
Boston, Massachusetts.

El Monumento Nacional a los Padres
Fundadores, en Plymouth, fue
inaugurado en 1889. Es un sólido
monumento de granito que se levanta
a 24.7 metros de altura. Un marcador
en la base del monumento recoge los
nombres de los pasajeros del
Mayflower.
La roca de Plymouth está en
exhibición en el Pilgrim Memorial
State Park en Massachusetts.

CRONOLOGÍA

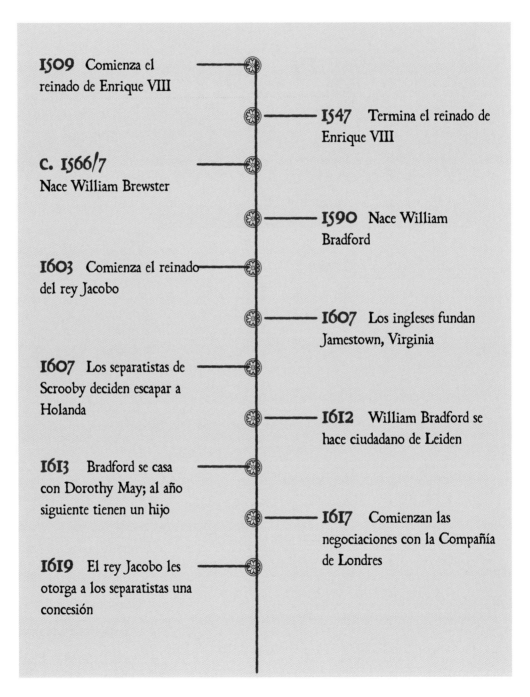

1509 Comienza el reinado de Enrique VIII

1547 Termina el reinado de Enrique VIII

c. 1566/7 Nace William Brewster

1590 Nace William Bradford

1603 Comienza el reinado del rey Jacobo

1607 Los ingleses fundan Jamestown, Virginia

1607 Los separatistas de Scrooby deciden escapar a Holanda

1612 William Bradford se hace ciudadano de Leiden

1613 Bradford se casa con Dorothy May; al año siguiente tienen un hijo

1617 Comienzan las negociaciones con la Compañía de Londres

1619 El rey Jacobo les otorga a los separatistas una concesión

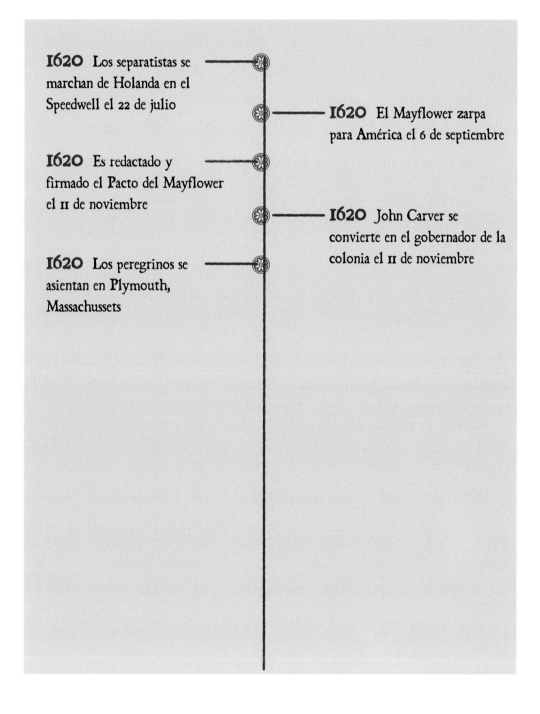

1620 Los separatistas se marchan de Holanda en el Speedwell el 22 de julio

1620 El Mayflower zarpa para América el 6 de septiembre

1620 Es redactado y firmado el Pacto del Mayflower el 11 de noviembre

1620 John Carver se convierte en el gobernador de la colonia el 11 de noviembre

1620 Los peregrinos se asientan en Plymouth, Massachussets

GLOSSARY

congregación — miembros de una iglesia

mercader — persona que vende mercancía por un beneficio

negociador — alguien que trata con otra persona con el propósito de llegar a un acuerdo en un asunto determinado

patrón — se le llama así al capitán de un barco mercante

peregrinos — gente que viaja por razones religiosas; el grupo de personas que salieron de Inglaterra y fundaron la colonia de Plymouth en 1620

privilegio — documento en el que consta la concesión de un derecho

protestante — Cristiano que no pertenece a la Iglesia Católica ni a la Iglesia Ortodoxa

reformado — algo que está corregido o mejorado

reinar — gobernar como rey o reina

separatistas — personas que querían practicar sus propias creencias religiosas y que no estaban de acuerdo con la Iglesia de Inglaterra

telar — máquina que se usa para tejer telas

transatlántico — lo que cruza el océano Atlántico

LECTURAS RECOMENDADAS

Davis, Kenneth C. *The Pilgrims*. HarperCollins Publishers, 2002.

Schmidt, Gary D. *William Bradford: Plymouth's Faithful Pilgrim*.
    Eerdmans Publishing, 1999.

Whitehurst, Susan. *The Mayflower.* Rosen Publishing Group, 2002.

Whitehurst, Susan. *The Pilgrims Before The Mayflower.*
    Rosen Publishing Group, 2002.

SITIOS EN LA RED

www.pilgrimhall.org/
www.plimoth.org/
www.mayflowerhistory.com/

ÍNDICE